BEI GRIN MACHT SICH IHR WISSEN BEZAHLT

- Wir veröffentlichen Ihre Hausarbeit, Bachelor- und Masterarbeit

- Ihr eigenes eBook und Buch - weltweit in allen wichtigen Shops

- Verdienen Sie an jedem Verkauf

Jetzt bei www.GRIN.com hochladen und kostenlos publizieren

Grundlagen der Persönlichkeitspsychologie. Persönlichkeit und Gesundheit, Gütekriterien für Testverfahren, die antisoziale Persönlichkeitsstörung und Kreativität

Bibliografische Information der Deutschen Nationalbibliothek:

Die Deutsche Nationalbibliothek verzeichnet diese Publikation in der Deutschen Nationalbibliografie; detaillierte bibliografische Daten sind im Internet über http://dnb.d-nb.de abrufbar.

ISBN: 9783346338372
Dieses Buch ist auch als E-Book erhältlich.

SRH Fernhochschule – The Mobile University

Psychologie B.Sc.

Persönlichkeitspsychologie

Einsendeaufgabe zur Alternative B:

Persönlichkeit und Gesundheit.
Gütekriterien für Testverfahren und antisoziale Persönlichkeitsstörung.
Kreativität.

Inhaltsverzeichnis

Abkürzungsverzeichnis

Aufl.	Auflage
Bd.	Band
BGM	Betriebliches Gesundheitsmanagement
d.h.	das heißt
ebd.	ebenda
Hrsg.	Herausgeber
IQ	Intelligenzquotient
vgl.	vergleiche
z.B.	Zum Beispiel

Tabellenverzeichnis

1. Aufgabe B1

1.1. Aufgabenstellung

Die Aufgabenstellungen wurden aus urheberrechtlichen Gründen von der Redaktion aus diesem Dokument entfernt. Sie sind für das Verständnis der Arbeit nicht elementar.

1.2. Der Zusammenhang zwischen Persönlichkeit und Gesundheit

„Persönlichkeit und Gesundheit können einander auf mehreren Wegen beeinflussen [.]"[1] Zwar konnte seither kein direkter Zusammenhang zwischen der Gesamtheit der Persönlichkeit und gewissen Erkrankungen festgestellt werden.[2] Dennoch können einzelne Teile der Persönlichkeit das Auftreten und die Entwicklung von Krankheiten durch ihren Einfluss auf das Denken, Fühlen und Handeln der betroffenen Person begünstigen.[3]

Es gibt verschiedene Theorien, die den Zusammenhang zwischen Persönlichkeit und Gesundheit beziehungsweise Krankheit beschreiben.[4] Ursprünglich wurden von Suls und Rittenhouse (1990) und Smith und Williams (1992) vier Ansätze vorgeschlagen.[5] Drei dieser Ansätze werden im Folgenden erläutert:

Wenn Persönlichkeitseigenschaften als biologisch basierte individuelle Unterschiede verstanden werden, könnte ein direktes Verhältnis bestehen, bei dem die Persönlichkeit eine kausale Rolle in Bezug auf Krankheit und Gesundheit

---

[1] Kreddig & Karimi, 2013, S. 137.
[2] Vgl. Friedman & Booth-Kewley, 1987, S. 539; Kreddig & Karimi, 2013, S. 137.
[3] Vgl. Kreddig & Karimi, 2013, S. 137; Faltermaier, 2017, S. 128-132.
[4] Vgl. Weber & Vollmann, 2005, S. 525; Maltby et al., 2011, S. 851.
[5] Vgl. Faltermaier, 2017, S. 140-144; Maltby et al., 2011, S. 851.

spielt.[6] Die Forschung spricht hier von einer zu Krankheiten neigenden Persönlichkeiten.[7] Bei dieser Theorie wird davon ausgegangen, dass die Persönlichkeit Einfluss auf biologische Aktivitäten nimmt, was die Entwicklung und den Verlauf von Erkrankungen beeinflussen kann.[8] Personen, die zur sogenannten Typ-A-Persönlichkeit gehören, setzen sich beispielsweise durch ihren eigenen Ehrgeiz oft einem hohen Stress- und Arbeitspensum aus, was schließlich zu koronaren Herzkrankheiten führen könnte.[9]

In einer weiteren Theorie wird kein kausaler, sondern ein korrelativer Zusammenhang zwischen Persönlichkeit und Gesundheit angenommen, das heißt dass biologische Unterschiede sowohl die Gesundheit als auch die Persönlichkeit beeinflussen.[10] Nach dieser Theorie würde dasselbe Gen, das zum Beispiel Bluthochdruck begünstigt, ebenso dazu führen hitzköpfig zu sein.

Bei der dritten Theorie steht das Verhalten der Person im Mittelpunkt.[11] Hier wird davon ausgegangen, dass durch Persönlichkeitseigenschaften bestimmte Verhaltensweisen gezeigt werden, die das Risiko, eine Krankheit zu entwickeln, erhöhen.[12] So würden Personen, die dazu neigen Verhaltensweisen zur Dämpfung von Gefühlen und Stress zu zeigen, eher dazu tendieren vermehrt Alkohol und Drogen zu konsumieren oder zu Rauchen. Dieses Verhalten würde dann wiederum Einfluss auf die Gesundheit nehmen.[13]

1.3. Gesundheitsrelevante Persönlichkeitseigenschaften

Es gibt einige gesundheitsrelevante nachgewiesenen Persönlichkeitseigenschaften.[14] Diese lassen sich in zwei Gruppen unterteilen: eher kognitive Merkmale (habituelle Überzeugungen und Erwartungen) sowie affektive Merkmale (Erleben und Regulation von Emotionen).[15] Die folgenden

---

[6] Vgl. Faltermaier, 2017, S. 142; Maltby et al., 2011, S. 851.
[7] Vgl. Maltby et al., 2011, S. 852.
[8] Vgl. Maltby et al., 2011, S. 852.
[9] Vgl. Chandola et al., 2008, S. 640-648; Faltermaier, 2017, S. 143-144.
[10] Vgl. Maltby et al., 2011, S. 852.
[11] Vgl. Maltby et al., 2011, S. 852.
[12] Vgl. Maltby et al., 2011, S. 852.
[13] Vgl. Faltermaier, 2017, S. 143-144.
[14] Vgl. Weber & Vollmann, 2005, S. 527.
[15] Vgl. Weber & Vollmann, 2005, S. 527.

Eigenschaften werden als mögliche Einflussfaktoren der Gesundheit betrachtet: Optimismus, Selbstwirksamkeit, Kohärenzsinn, Stressbewältigung, Kontrollüberzeugung, soziale Unterstützung, Feindseligkeit, Neurotizismus und Emotionsregulation.[16] Im Folgenden wird näher auf die Kontrollüberzeugung und die Stressbewältigung eingegangen.

1.3.1. Kontrollüberzeugung und Gesundheit

Das Konzept der Kontrollüberzeugung wurde 1966 erstmals von Julian Rotter beschrieben und wir als relativ stabile Persönlichkeitseigenschaft charakterisiert.[17] Unter Kontrollüberzeugung wird die Einschätzung eines Individuums verstanden, inwiefern Situationen oder Ereignisse durch das eigene Handeln beeinflusst werden.[18] Rotter unterscheidet dabei zwei Typen: die interne und die externe Kontrollüberzeugung.[19]

Menschen mit interner Kontrollüberzeugung (internalisierende Typen) glauben, dass sie durch ihr Handeln Einfluss auf ihre Umwelt und ihr Leben nehmen können, während Menschen mit externer Kontrollüberzeugung (externalisierende Typen) externe Faktoren, wie beispielsweise Glück, Gott, Schicksal und/oder das soziale und/oder politische Umfeld, für ihre Situation und die ihnen begegnenden Ereignisse verantwortlich machen.[20] So sind externalisierende Typen davon überzeugt, dass Geschehnisse ihnen widerfahren und nicht in ihrem Einflussbereich liegen.[21]

In der Gesundheitspsychologie ist die Kontrollüberzeugung ein wichtiges Konstrukt, da sie Einfluss auf die psychische und physische Gesundheit nimmt.[22] So korreliert die externale Kontrollüberzeugung positiv mit Angst, Depressionen und suizidalem Verhalten.[23] Internalisierende Menschen nehmen eine aktive Patientenrolle ein und beteiligen sich aktiv am Genesungsprozess, übernehmen

---

[16] Vgl. Weber & Vollmann, 2005, S. 527.
[17] Vgl. Maltby et al., 2011, S. 172 & 174-175.
[18] Vgl. Reimann & Pohl, 2006, S. 251.
[19] Vgl. Maltby et al., 2011, S. 174.
[20] Vgl. Asendorpf, 2019, S. 126; Maltby et al., 2011, S. 174.
[21] Vgl. Petermann & Roth, 2006, S. 251; Maltby et al., 2011, S. 174-175.
[22] Vgl. Maltby et al., 2011, S. 175-176.
[23] Vgl. Maltby et al., 2011, S. 175.

also die Kontrolle für ihr Wohlbefinden.[24] Externalisierende Menschen nehmen laut Powell (1992) eine eher passive Patientenrolle ein.[25] Sie sehen sich sozusagen als Opfer ihres körperlichen Zustandes.[26]

1973 ergänzt Levenson Rotters Konzept durch zwei weitere Wirkungsgrößen.[27] Neben den bestehenden Dimensionen Internalität – Externalität bezieht er Zufall und den Einfluss machtvoller Anderer mit ein.[28] Durch einen zufällig gelesenen Artikel oder die Meinung eines angesehenen Arztes könnte man somit zum Schluss kommen, dass man etwas an seiner Situation ändern kann und befolgt eventuell die empfohlenen Tipps und Ratschläge.[29]

Im betrieblichen Gesundheitsmanagement (BGM) ist die Stärkung der internen Kontrollüberzeugung ein primäres Ziel.[30] Es sollte stets das Ziel jedes Beschäftigten sein, selbst die Kontrolle und Verantwortung über das eigene physisches und physisches Wohlbefinden zu übernehmen.[31] So können Empfehlungen gesundheitsförderlicher Maßnahmen, wie beispielsweise Sport- und Entspannungsprogramme, mit gleichzeitiger Aufklärung über die eigene Verantwortung, diese auch umzusetzen, dazu führen, dass Beschäftigte vermehrt Wert auf ihre Gesundheit legen und sich in der Lage sehen, aktiv am Präventions- und Rehabilitationsprozess mitzuwirken.[32] Im BGM ist es außerdem von Relevanz regelmäßig Aufklärung über häufige Krankheitsbilder, wie zum Beispiel Depression, Burn-out, Herz-Kreislauferkrankungen oder Bandscheibenvorfälle, zu betreiben und hierbei auch besonders auf die möglichen Präventions- und Therapiemethoden einzugehen, damit MitarbeiterInnen sich ihrer eigenen Kontrolle bewusst werden.

---

[24] Vgl. Maltby et al., 2011, S. 176
[25] Vgl. Maltby et al., 2011, S. 176.
[26] Vgl. Maltby et al., 2011, S. 176.
[27] Vgl. Maltby et al., 2011, S. 870.
[28] Vgl. Westermayer, 2017, S. 21-22; Maltby et al., 2011, S. 870.
[29] Vgl. Maltby et al., 2011, S. 870.
[30] Vgl. Ostermann, 2010, S. 139.
[31] Vgl. Ostermann, 2010, S. 139.
[32] Vgl. Ostermann, 2010, S. 139; Maltby et al., 2011, S. 176.

1.3.2. Stressbewältigung und Gesundheit

Stress gehört zu den wichtigsten gesundheitlichen Risikofaktoren – besonders in unserer heutigen Zeit.[33] 1956 definierte Hans Selye Stress als ein Zustand des Organismus, in dem sich der Körper auf Grund von Belastungen befindet und welcher sich durch physiologische und psychische Reaktionen und Verhaltensweisen auszeichnet.[34] Dieser (kurzfristige) Zustand ist an sich nicht gesundheitsschädlich.[35]

Gesundheitsschädlich wird Stress durch folgende Aspekte:[36] Da sich der Körper evolutionär bedingt bei Stress auf eine Flucht oder einen Kampf vorbereitet, wird Energie bereitgestellt.[37] Da bei der Bewältigung moderner Stresssituationen jedoch dies nicht benötigt wird, wird diese bereitgestellte Energie nicht verbraucht.[38] Dadurch kann es zu Gefäßverengungen kommen, die im schlimmsten Fall zu Infarkten führen können.[39]

Der nächste Faktor ist der chronische Stress.[40] Chronisch gestresste Menschen befinden sich in einem Dauer-Aktivierungszustand, was das Anpassungsvermögen des Organismus negativ beeinflussen kann.[41] Dies kann zu endokrinologischen Erkrankungen, wie beispielsweise Diabetes, führen.[42] Ebenso wird bei länger andauernden Stresssituationen das Stresshormon Kortisol ausgeschüttet, welches das Immunsystem vorübergehend schwächt.[43] Folglich sind wir in gestresstem Zustand anfälliger für Infektionserkrankungen.[44]

Ein weiterer Faktor ist gesundheitliches Risikoverhalten, wie beispielsweise Rauchen, Alkohol- und Drogenkonsum, aber auch eine ungesunde Ernährung und vernachlässigte Bewegung, welches bei Stress an den Tag gelegt werden kann.[45]

---

[33] Vgl. Faltermaier, 2017, S. 87; Kaluza, 2018, S. 4.
[34] Vgl. Kaluza, 2018, S. 4; Faltermaier, 2017, S. 87-88.
[35] Vgl. Kaluza, 2018, S. 34.
[36] Vgl. Kaluza, 2018, S. 35.
[37] Vgl. Faltermaier, 2017, S. 87-88; Kaluza, 2018, S. 35.
[38] Vgl. Salleh, 2008, S. 9-18; Kaluza, 2018, S. 35.
[39] Vgl. Kaluza, 2018, S. 35.
[40] Vgl. Salleh, 2008, S. 9-18; Kaluza, 2018, S. 35.
[41] Vgl. Kaluza, 2018, S. 35.
[42] Vgl. Salleh, 2008, S. 9-18; Kaluza, 2018, S. 35-36.
[43] Vgl. Segerstrom & Miller, 2004, S. 601-630; Kaluza, 2018, S. 37.
[44] Vgl. Segerstrom & Miller, 2004, S. 601-630; Kaluza, 2018, S. 37.
[45] Vgl. Kaluza, 2018, S. 38.

Dennoch ist Stress stets subjektiv.[46] Folglich werden Situationen oder Ereignisse von Individuum zu Individuum mehr oder weniger als Stressor wahrgenommen.[47] Lazarus et al. beschreiben Stress als ein transaktionelles Konzept.[48] Stress ist demnach als ein Ungleichgewicht zwischen Anforderungen und Anpassungsressourcen in einem sich ständig wechselnden Verhältnis zwischen der Person und ihrer Umwelt zu verstehen.[49] Abhängig ist dies von einer Reihe an kognitiven Bewertungen und Einschätzungen („appraisals") des Stressreizes.[50]

Der Einfluss von Stress auf die Gesundheit ist somit abhängig vom Umgang mit Stressoren.[51] Dabei ist diese Stressbewältigung („Coping") kein automatischer Prozess, sondern erfordert Bemühungen und eine bewusste Entscheidung mit den Stressreizen umgehen zu wollen.[52] Lazarus und Launier unterscheiden hierbei zwei Bewältigungsstrategien: Problem- vs. emotionszentriertes Coping.[53]

Beim problembezogenen Coping werden die Anforderungen, die zu den Belastungen geführt haben behandelt.[54] Die Bewältigungsversuche richten sich hierbei auf die Veränderungen der Person-Umwelt-Beziehung, das heißt es wird versucht eine Lösung für ein Problem zu suchen und so, mit diesem direkt umzugehen.[55] Ist eine Person beispielsweise bei der Arbeit einem hohen Arbeitspensum ausgesetzt, sollte diese das Gespräch mit dem/der Vorgesetzten suchen und um Unterstützung, zum Beispiel durch Einstellung einer weiteren Arbeitskraft oder mehr Zeit für die Erledigung der Aufgaben, bitten.

Beim emotionsbezogenen Coping wird dagegen der Fokus auf den Umgang mit durch den Stressor ausgelösten Emotionen gerichtet.[56] Hierbei würde die Person bei hohem Arbeitspensum Wert auf Entspannungsstrategien legen.[57]

---

[46] Vgl. Faltermaier, 2017, S. 89 & 92-93.
[47] Vgl. Faltermaier, 2017, S. 89 & 92-93.
[48] Vgl. Faltermaier, 2017, S. 92-93.
[49] Vgl. Faltermaier, 2017, S. 92-93.
[50] Vgl. Renneberg & Schüz, 2006, S. 135; Faltermaier, 2017, S. 88-89 & 92-94.
[51] Vgl. Faltermaier, 2017, S. 94.
[52] Vgl. Faltermaier, 2017, S. 95.
[53] Vgl. Reimann & Pohl, 2006, S. 220; Faltermaier, 2017, S. 96.
[54] Vgl. Reimann & Pohl, 2006, S. 220; Faltermaier, 2017, S. 96.
[55] Vgl. Reimann & Pohl, 2006, S. 220; Faltermaier, 2017, S. 96.
[56] Vgl. Reimann & Pohl, 2006, S. 220; Faltermaier, 2017, S. 96.
[57] Vgl. Reimann & Pohl, 2006, S. 220-221.

Im BGM sollte demnach der richtige Umgang mit Stress thematisiert werden. Aufklärung über Entspannungstechniken, Achtsamkeitspraxis und ähnliches kann hierbei im Rahmen des emotionsbezogenen Copings von Bedeutung sein. Ebenso ist es im BGM wichtig Offenheit und Authentizität zu fördern. Beschäftigte sollten stets das Gefühl haben, sich ihrem/ihrer Vorgesetzten in Bezug auf Überforderung und Überarbeitung anvertrauen zu können. Es gibt zahlreiche weitere Bewältigungsstrategien und -theorien, welche jedoch den Rahmen dieser Einsendeaufgabe sprengen würden.[58]

---

[58] Vgl. Reimann & Pohl, 2006, S. 220-221.

2. Aufgabe B2

2.1. Aufgabenstellung

Die Aufgabenstellungen wurden aus urheberrechtlichen Gründen von der Redaktion aus diesem Dokument entfernt. Sie sind für das Verständnis der Arbeit nicht elementar.

2.2. Gütekriterien für Testverfahren

Persönlichkeitstests wurden zur Messung von psychologischen Eigenschaften und Merkmalen einer Person, die über die Zeit relativ stabil bleiben.[59] In der Persönlichkeitspsychologie werden meist standardisierte Fragebögen eingesetzt.[60] Dabei wird jedes Persönlichkeitsmerkmal, das erfasst werden soll, durch mehrere Items repräsentiert.[61] Um die Qualität eines Tests zu gewährleisten, ist es wichtig, dass bestimmte wissenschaftliche Gütekriterien erfüllt werden.[62] Im Folgenden werden diese kurz erläutert.

2.2.1. Objektivität

Die Ergebnisse eines diagnostischen Verfahrens sollten stets unabhängig davon zustande gekommen sein, wer das Verfahren durchführt, auswertet und interpretiert.[63] Demnach gibt es drei unterschiedliche Störfaktoren: Die Durchführung, die Auswertung und die Interpretation.[64] Es sollte also

---

[59] Vgl. Maltby et al., 2011, S. 886.
[60] Vgl. Schmidt-Atzert & Amelang, 2012, S. 240.
[61] Vgl. Schmidt-Atzert & Amelang, 2012, S. 240.
[62] Vgl. Schmidt-Atzert & Amelang, 2012, S. 130-131.
[63] Vgl. Moosbrugger & Kelava, 2011, S. 18; Schmidt-Atzert & Amelang, 2012, S. 133.
[64] Vgl. Schmidt-Atzert & Amelang, 2012, S. 133.

sichergestellt werden, dass das Verfahren, stets auf die gleiche Weise durchgeführt wird (Durchführungsobjektivität).[65] Durch Standardisieren von Antwortmöglichkeiten, denen numerische Werte zugeordnet werden, kann eine hohe Auswertungsobjektivität gegeben werden.[66] Bei der Interpretation der Ergebnisse sollten unterschiedliche TestauswerterInnen zu demselben Ergebnis kommen (Interpretationsobjektivität).[67]

2.2.2. Reliabilität

Unter Reliabilität wird die Genauigkeit verstanden, mit der ein Test ein Merkmal erfasst.[68] Dabei ist die Reliabilität stets abhängig von der Objektivität.[69] Je höher die Reliabilität einer Messung, desto weniger wird die Messung durch einen unsystematischen Fehler gestört.[70] Man unterscheidet zwei verschiedene Arten von Reliabilität: Die interne Reliabilität und die Retest-Reliabilität.[71] Wenn alle Aspekte eines Testverfahrens so zusammenwirken, das dieselbe Sache gemessen wird, spricht man von interner Reliabilität.[72] „Die Retest-Reliabilität misst die Reliabilität über die Zeit."[73] Diese ist besonders dann von großer Wichtigkeit, wenn sich ForscherInnen mit zeitlich relativ konsistenten Einstellungen und Verhaltensweisen beschäftigen.[74]

2.2.3. Validität

Validität eines Test liegt vor, wenn der Test das misst, was er zu messen vorgibt.[75] Dies bezieht sich auf die Bewertung bestimmter Schlussfolgerungen vom Testwert auf das Verhalten bzw. Merkmal, das eine Person außerhalb der

---

[65] Vgl. Moosbrugger & Kelava, 2011, S. 18; Schmidt-Atzert & Amelang, 2012, S. 133-134.
[66] Vgl. Schmidt-Atzert & Amelang, 2012, S. 134.
[67] Vgl. Moosbrugger & Kelava, 2011, S. 19; Schmidt-Atzert & Amelang, 2012, S. 136.
[68] Vgl. Schmidt-Atzert & Amelang, 2012, S. 137.
[69] Vgl. Schmidt-Atzert & Amelang, 2012, S. 137.
[70] Vgl. Schmidt-Atzert & Amelang, 2012, S. 137.
[71] Vgl. Maltby et al., 2011, S. 903.
[72] Vgl. Maltby et al., 2011, S. 904.
[73] Maltby et al., 2011, S. 912.
[74] Vgl. Maltby et al., 2011, S. 912.
[75] Vgl. Moosbrugger & Kelava, 2011, S. 30; Maltby et al., 2011, S. 914.

Testsituation zeigt.[76] Man unterscheidet hierbei unterschiedliche Arten von Validität.[77] Die folgenden werden heutzutage als besonders relevant angesehen: Inhalts-, Kriteriums- und Konstruktvalidität.[78] Bei der Inhaltsvalidität handelt es sich um jene Validität, die angibt wie sehr die Items eines Tests das zu messende Merkmal repräsentieren.[79] Die Kriteriumsvalidität gibt an, in welchem Ausmaß das Testergebnis und die konkreten Leistungen oder Verhaltensweisen außerhalb der Testsituation zusammenhängen.[80] Ein Kriterium ist hierbei immer etwas Konkretes, wie beispielsweise eine Prüfungsleistung.[81] Die Konstruktvalidität gibt an, inwieweit ein Test oder Experiment das Konstrukt repräsentiert, das es erfassen soll, also inwieweit auf das zugrunde liegende psychologische Persönlichkeitsmerkmal zu schließen ist.[82]

2.2.4. Normierung

Die Normierung eines Verfahrens dient der Einheitlichkeit.[83] So können Ergebnisse untereinander aussagekräftig verglichen werden, es kann also ein Bezugsrahmen hergestellt werden.[84] Anhand von Stichproben können getestet Werte eingeordnet werden.[85]

2.3. Antisoziale Persönlichkeitsstörung

2.3.1. Begriff und Definition der antisozialen Persönlichkeitsstörung

Die Begriffe „antisoziale Persönlichkeitsstörung", „Psychopathie" und „dissoziale Persönlichkeitsstörung" werden sowohl in der Alltagspsychologie als auch in der Wissenschaft sowohl als synonym als auch voneinander abgrenzt verwendet.[86] Die Begrifflichkeiten sind daher weder eindeutig voneinander abgegrenzt, noch

---

[76] Vgl. Schmidt-Atzert & Amelang, 2012, S. 142.
[77] Vgl. Schmidt-Atzert & Amelang, 2012, S. 144.
[78] Vgl. Moosbrugger & Kelava, 2011, S. 31-33; Schmidt-Atzert & Amelang, 2012, S. 144.
[79] Vgl. Schmidt-Atzert & Amelang, 2012, S. 145; Moosbrugger & Kelava, 2011, S. 32.
[80] Vgl. Schmidt-Atzert & Amelang, 2012, S. 145; Moosbrugger & Kelava, 2011, S. 31-33
[81] Vgl. Schmidt-Atzert & Amelang, 2012, S. 145.
[82] Vgl. Schmidt-Atzert & Amelang, 2012, S. 148; Moosbrugger & Kelava, 2011, S. 33.
[83] Vgl. Moosbrugger & Kelava, 2011, S. 19.
[84] Vgl. Moosbrugger & Kelava, 2011, S. 19.
[85] Vgl. Moosbrugger & Kelava, 2011, S. 19.
[86] Vgl. Schreiber, 2020, S.4-5.

einheitlich.[87] Daher wird im Folgenden sowohl kurz auf die Definition der antisozialen Persönlichkeitsstörung nach DSM-IV, auf das Psychopathy-Konzept nach Hare und auf die dissozialen Persönlichkeitsstörung nach ICD-10 eingegangen.

2.3.1.1. Antisoziale Persönlichkeitsstörung nach DSM-IV

Laut der US-amerikanischen psychiatrischen Vereinigung, dem DSM-IV, ist bei einer antisozialen Persönlichkeitsstörung ist eine generelle Missachtung anderer Menschen charakteristisch.[88] Typische Merkmale und Verhaltensweisen eines Menschen mit antisozialer Persönlichkeitsstörung können sein: ständiges Lügen, Diebstahl, Fehlen von Empathie für andere Menschen, Leichtsinnigkeit, Versagen von Plänen und langfristigen Zielen, Unfähigkeit Beziehungen mit anderen Menschen einzugehen, seien sie platonischer oder romantischer Art, Schwierigkeiten Gesetze einzuhalten, emotionaler Kontrollverlust, Reuelosigkeit und Verletzung der Grenzen anderer.[89] Torgerse et al. (2001) zufolge sind zwischen 0,7 bis 3 Prozent der europäischen Bevölkerung von einer antisozialen Persönlichkeitsstörung betroffen.[90]

2.3.1.2. Psychopathy nach Hare

Nach Hare ist ein Psychopath durch folgende Merkmale ausgezeichnet: Übersteigerter Selbstwert, Verfolgen der eigenen Ziele ohne Rücksicht auf andere, unzureichende Kontrolle des eigenen Verhaltens, Impulsivität, Empathielosigkeit, Kaltherzigkeit und Reuelosigkeit.[91] So geht mit der Psychopathie ein ständiges Übertreten gesellschaftlicher Grenzen und Normen einher, sowie die Unfähigkeit zu zwischenmenschlichen Beziehungen.[92]

---

[87] Vgl. Schreiber, 2020, S.1-2 & 4.
[88] Vgl. Maltby et al., 2011, S. 820.
[89] Vgl. Maltby et al., 2011, S. 820.
[90] Vgl. Maltby et al., 2011, S. 820.
[91] Vgl. Schreiber, 2020, S.6.
[92] Vgl. Schreiber, 2020, S.6.

15

2.3.1.3. Dissoziale Persönlihckeitsstörung nach ICD-10

Die Dissoziale Persönlichkeitsstörung ist nach ICD-10 durch ein Missachten sozialer Verpflichtungen und Empathielosigkeit gekennzeichnet.[93] Eine große Diskrepanz zwischen gesellschaftlichen Normen besteht auch hier.[94] Nach ICD-10 sind typische Merkmale einer dissozialen Persönlichkeitsstörung: Reuelosigkeit, geringe Frustrationstoleranz, Tendenz zu aggressivem und gewalttätigem Verhalten, Neigung zur Beschuldigung anderer oder einer vordergründige Rationalisierungen für das eigenen Verhalten und Schwierigkeiten soziale Bindungen aufrecht zu erhalten.[95]

Wie sich also zeigt, sind die Begriffe sehr ähnlich und schwer voneinander abzugrenzen. In Hares Konzept der Psychopathy werden jedoch auch narzisstische, impulsive und histrionische Facetten der psychopathischen Persönlichkeitsstörung zugeordnet.[96] So ist fast jeder Psychopath anti- bzw. dissozial, jedoch ist dies nicht umgekehrt der Fall.[97]

2.3.2. Diagnose der antisozialen Persönlichkeitsstörung

2.3.2.1. Psychopathy Checklist Revised (PCL-R) nach Hare

Die Psychopathy Checklist ist ein Diagnoseinstrument zur Diagnose einer psychopathischen Persönlichkeitsstörung, welches in den 1980-er Jahren von Hare entwickelt (PCL) und 1990 überarbeitet wurde (PCL-R).[98] „Die PCL-R ist eine Checkliste mit insgesamt 20 Items, denen ein Wert von 0 = trifft nicht zu, 1 = trifft teilweise zu bis 2 = trifft voll zu, zugewiesen wird."[99] Die Items und Faktoren sind in Tabelle 1 abgebildet.

---

[93] Vgl. Schreiber, 2020, S.8.
[94] Vgl. Schreiber, 2020, S.8.
[95] Vgl. Schreiber, 2020, S.8.
[96] Vgl. Saß & Habermeyer, 2018.
[97] Vgl. Saß & Habermeyer, 2018; Schreiber, 2020, S.57.
[98] Vgl. Schreiber, 2020, S.32-33.
[99] Vgl. Schreiber, 2020, S.34.

Tabelle 1 Items und Faktoren in den Hare PCL-Skalen Quelle: Schreiber, 2020, S. 36.

PCL-R
F1
Interpersonell
1. Gewandtheit/oberflächlicher Charme
2. Erheblich übersteigertes Selbstwertgefühl
4. Pathologisches Lügen
5. Betrügerisches-manipulatives Verhalten
Affektiv
6. Mangel an Gewissensbissen oder Schuldbewusstsein
7. Oberflächliche Gefühle
8. Gefühlskälte, Mangel an Empathie
16. Mangelnde Bereitschaft und Fähigkeit, Verantwortung für das eigene Handeln zu übernehmen
F2
Lebensstil
3. Stimulationsbedürfnis
9. Parasitärer Lebensstil
13. Fehlen realistischer, langfristiger Ziele
14. Impulsivität
15. Verantwortungslosigkeit
Antisozial
10. Unzureichende Verhaltenskontrolle
12. Frühe Verhaltensauffälligkeit
18. Jugendkriminalität
19. Widerruf der bedingten Entlassung
20. Polytrope Kriminalität

Der PSC-R wird heute noch zur Diagnose der Psychopathie eingesetzt.[100]

2.3.2.2. Diagnose der antisozialen Persönlichkeitsstörung nach dem DSM-IV-Handbuch

Um mit einer antisozialen Persönlichkeitsstörung diagnostiziert zu werden, müssen nach dem DSM-IV-Handbuch drei oder mehr der folgenden Kriterien erfüllt werden:[101]

1. Unfähigkeit zur Einhaltung sozialer Normen in Bezug auf Gesetze einzuhalten, wiederholte Handlungen, die einen Grund zur Verhaftung nach sich ziehen

---

[100] Vgl. Schreiber, 2020, S.56-57.
[101] Vgl. Maltby et al., 2011, S. 820; Schreiber, 2020, S.61-62f.

2. Falschheit, darunter ständiges Lügen, Gebrauch von falschen Identitäten oder Betrügen anderer zum eigenen Vorteil oder aus Vergnügen

3. Konstante Impulsivität und Versagen, vorauszuplanen

4. Konstante Reizbarkeit und Aggressivität, die dich in wiederholten körperlichen Auseinandersetzungen mit anderen äußern

5. Rücksichtlose Missachtung der eigenen Sicherheit oder der anderer

6. Konsistente Verantwortungslosigkeit, welche sich in wiederholtem Versagen, Verpflichtungen nachzukommen

7. Kontinuierliche Reuelosigkeit, die sich in Gleichgültigkeit oder Rationalisierung der eigenen Untaten (gegenüber anderen) äußert

Ebenso handelt es sich bei der antisozialen Persönlichkeitsstörung um ein Muster, das seit dem 15. Lebensjahr auftritt.[102] Die ICD-10 empfiehlt jedoch keine Diagnose vor dem 16. oder 17. Lebensjahr.[103] Bei der Diagnose einer Persönlichkeitsstörung ist stets zu beachten, dass es sich um ein überdauerndes Verhaltensmuster handelt.[104] Damit eine Persönlichkeitsstörung klar diagnostiziert werden kann, darf das überdauernde Muster nicht infolge physiologisch wirkenden Substanzen, Hirnschädigungen oder -krankheiten und nicht als Ergebnis einer anderen Persönlichkeitsstörung aufgetreten sein.[105]

[102] Vgl. Schreiber, 2020, S.7.
[103] Vgl. Schreiber, 2020, S.8.
[104] Vgl. Schreiber, 2020, S.6.
[105] Vgl. Schreiber, 2020, S.6.

3. Aufgabe B3

3.1. Aufgabenstellung

Die Aufgabenstellungen wurden aus urheberrechtlichen Gründen von der Redaktion aus diesem Dokument entfernt. Sie sind für das Verständnis der Arbeit nicht elementar.

3.2. Abgrenzung der Kreativität von der Intelligenz

In der Alltagspsychologie wird unter Intelligenz die Fähigkeit verstanden, Probleme mit bekannter, effektiver Lösung zu lösen.[106] Intelligenz befähigt den Mensch dazu, intellektuelle Leistungen zu vollbringen,[107] auf die Umwelt zu reagieren und sich an verschiedene Situationen anzupassen.[108] Sie gilt als eine relativ einheitliche Fähigkeit.[109] Kreativität dagegen bezeichnet die Fähigkeit, schöpferisch zu Denken und zu Handeln.[110] Sie zeichnet sich durch originelle Problemlösungen, überraschende Schlussfolgerungen und Einsichten und das Entdecken neuer Probleme aus.[111]

In der Kreativitätsforschung übte vor allem Guilford (1950) einen großen Einfluss aus.[112] Guilford bezog Kreativität auf zwei Arten von Problemlöseprozessen: das konvergente Denken und das divergente Denken.[113] Wenn Probleme genau eine richtige Lösung haben, ist konvergentes, also einheitliches Denken erforderlich.[114] Bei Problemen, bei denen die Problemstellung jedoch erst klar definiert werden muss, und bei denen in Abhängigkeit der möglichen Problemstellungen verschiedene Lösungen möglich sind, ist divergentes, also verschiedenes Denken gefragt.[115] Hier kommt freies Denken, das du ganz unterschiedlichen Lösungsansätzen führen kann, zum Einsatz.[116]

---

[106] Vgl. Bosley & Kasten, 2016, S.68; Asendorpf, 2019, S. 102.
[107] Vgl. Bosley & Kasten, 2016, S.68; Neyer & Asendorpf, 2017, S. 150.
[108] Vgl. Kreddig & Karimi, 2013, S. 145.
[109] Vgl. Neyer & Asendorpf, 2017, S. 150.
[110] Vgl. Asendorpf, 2019, S. 102.
[111] Vgl. Neyer & Asendorpf, 2017, S. 163.
[112] Vgl. Neyer & Asendorpf, 2017, S. 163.
[113] Vgl. Neyer & Asendorpf, 2017, S. 163.
[114] Vgl. Palmer, 2016, S. 54; Asendorpf, 2019, S. 102.
[115] Vgl. Palmer, 2016, S. 54; Asendorpf, 2019, S. 102.
[116] Vgl. Palmer, 2016, S. 54.

Das divergente Denken gilt als vorherrschende kognitive Komponente von Kreativität.[117] Zahlreiche Kreativitätstest, die von Guilford und anderen Autoren entwickelt wurden, beruhen auf der Fähigkeit des divergenten Denkens.[118] Sie erfassen vier Komponenten dieser Fähigkeit: Sensitivität gegenüber Problemen, Flüssigkeit des Denkens, Originalität des Denkens und Flexibilität des Denkens.[119] Das divergente Denken und verwandte Merkmale des Denkens gelten nach Guilfords Schwellenmodell als stabile Persönlichkeitseigenschaften, die in Verbindung mit mindestens durchschnittlicher Intelligenz und einem gewissen entsprechendem bereichsspezifischem Wissen kreative Leistungen ermöglichen und vorhersagen lassen.[120] Demnach setzt eine hohe Intelligenz keine hohe Kreativität voraus, jedoch setzt eine hohe Kreativität hohe Intelligenz voraus.[121] Das Schwellenmodell konnte seither nicht bestätigt werden[122], jedoch sind die Korrelationen zu Intelligenztests hoch genug, um zu schlussfolgern, dass Intelligenz eine notwendige, jedoch nicht eine hinreichende Bedingung für Kreativität und ihre Leistungen ist.[123]

3.3. Messung der Kreativität

Es gibt viele verschiedenen Verfahren zur Erfassung von Kreativität.[124] Wie in der folgenden Tabelle 2 ablesbar, wird Kreativität meist anhand biographischer Methoden, Selbstbeurteilungsverfahren, Fremdbeurteilungsverfahren und psychometrischer Tests erfasst.[125] Hierbei werden gemäß des trimodalen Ansatzes nach Schuler und Höft (2006) verschiedene Ansätze verfolgt: der eigenschaftsorientierte Ansatz, der biografieorientierte Ansatz und der simulationsorientierte Ansatz.[126]

---

[117] Vgl. Palmer, 2016, S. 54.
[118] Vgl. Neyer & Asendorpf, 2017, S. 163.
[119] Vgl. Neyer & Asendorpf, 2017, S. 163.
[120] Vgl. Asendorpf, 2019, S. 103.
[121] Vgl. Asendorpf, 2019, S. 103.
[122] Vgl. Palmer, 2016, S. 55; Neyer & Asendorpf, 2017, S. 164.
[123] Vgl. Asendorpf, 2019, S. 103.
[124] Vgl. Palmer, 2016, S.163-164.
[125] Vgl. Palmer, 2016, S. 164.
[126] Vgl. Winzen, 2009, S. 179-180.

Tabelle 2 Tabelle 1 Erhebungsverfahren zur Kreativitätsmessung (nach Hocevar & Bachtiar, 1989; ergänzt um eine Zuordnung des diagnostischen Ansatzes nach Schuler, 2002) (Quelle: Palmer, 2016, S.164.)

Verfahren	Ziel	Diagnostischer Ansatz
Tests zum Divergenten Denken	Erfassung kognitiver Fähigkeiten	Eigenschaftsorientiert
Persönlichkeitsinventare	Erfassung bestimmter Persönlichkeitsmerkmale und Eigenschaften	Eigenschaftsorientiert
Einstellungs- und Interessenskalen	Erfassung bestimmter Vorlieben, Interessen und Motive	Eigenschaftsorientiert
Lehrerbeurteilung	Genaue Information über Person durch Einschätzung von Lehrern, welche die Person kennen und sie über einen längeren Zeitraum beobachten konnten	Eigenschaftsorientiert (Fremdbeurteilung) oder Biografieorientiert
Peerbeurteilung	Genaue Information über Person durch Einschätzung von Kollegen, welche die Person kennen und sie über einen längeren Zeitraum beobachten konnten	Eigenschaftsorientiert (Fremdbeurteilung) oder Biografieorientiert
Vorgesetztenbeurteilung	Genaue Information über Person durch Einschätzung von Vorgesetzten, welche die Person kennen und sie über einen längeren Zeitraum beobachten konnten	Eigenschaftsorientiert (Fremdbeurteilung) oder Biografieorientiert
Beurteilung kreativer Arbeitsproben und Produkte	Messung des kreativen Verhaltens einer Person und Analyse ihrer Ergebnisse	Simulationsorientiert/ Biografieorientiert
Eminenz-Einschätzungen	Erfassung von Erfolgskriterien durch Erfassung von Zitierhäufigkeit, erlangten Preisen und Auszeichnungen sowie eingeräumtem Platz in Biografien	Biografieorientiert
Biografische Inventare	Sammlung von Informationen zu Hintergrund und Entwicklungsbedingungen einer Person	Biografieorientiert
Selbstberichte über besondere Leistungen	Checklisten geben Auskunft über Selbsteinschätzung und nicht publike Leistungen	Biografieorientiert

Beim eigenschaftsorientierten Ansatz werden psychologischen Konstrukte, die bei kreativen Prozessen eine Rolle spielen, untersucht.[127] Kognitive Test sind in diese Kategorie einzuordnen und untersuchen das oben genannte divergente Denken über psychometrische Testverfahren.[128] Beim simulationsorientierten Ansatz wird die Kreativität anhand von Arbeitsproben oder simulativen Aufgaben gemessen.[129] Beim biografischen Ansatz wird auf vorherige Leistungen und vorherigem Verhalten zurückgegriffen um die Kreativität einer

---

[127] Vgl. Palmer, 2016, S. 165.
[128] Vgl. Schubert & Loderer, 2019, S. 56; Palmer, 2016, S. 165.
[129] Vgl. Palmer, 2016, S.168.

Person zu erfassen.[130] Aus Platzgründen war lediglich die Kategorisierungen der verschiedenen Kreativitätsverfahren möglich. Auf einzelne Verfahren konnte nicht eingegangen werden.

3.4. Kreativitätsfördernde und kreativitätsbehindernde situative Einflüsse

3.4.1. Kreativitätsfordernde Faktoren

Teresa M. Amabile erforscht seit mehreren Jahrzehnten die kreativitätsfördernden Faktoren.[131] Unter Berücksichtigung anderer Erkenntnisse können so folgende Bereiche unterschieden werden: intrapersonale, physikalische und pädagogisch-soziale Einflussfaktoren.[132]

Intrapersonale Faktoren, also Emotion, Motivation und Kognition des Individuums, spielen eine große Rolle in Bezug auf die Kreativität.[133] Kreativität setzt Expertise (erlernte Fähigkeiten, Fachwissen, Übung und Ausdauer) kreative Denkfähigkeit (Sensitivität für Probleme, Flexibilität und Originalität) sowie intrinsische Motivation voraus.[134] Bei der Personalauswahl sollten also besonders auch Motivation, individuelle Zielen sowie Bedürfnissen und Wünschen der BewerberInnen miteinbezogen werden.

Physikalische Faktoren sind all jene Faktoren, die Ort und Zeit betreffen.[135] Hierunter fallen die Umgebung, Räumlichkeiten, Atmosphäre sowie Zeiteinteilung.[136] Davies et al. (2013) konnten hierbei zeigen, dass eine schlichte Einrichtung, Raumteilung für Gruppenarbeiten aber auch kreative Wanddekorationen mit unfertigen und fertigen Arbeiten kreativitätsfördernd sind.[137] Dies sollte besonders bei Großraumbüros berücksichtigt werden. Auch eine individuelle Zeiteinteilung ist förderlich für die Kreativität der

---

[130] Vgl. Palmer, 2016, S.170.
[131] Vgl. Haager, 2019, S.222.
[132] Vgl. Haager, 2019, S.222.
[133] Vgl. Haager, 2019, S.230.
[134] Vgl. Ellebracht, H., Lenz, G., Geiseler, L. & Osterhold, G., 2018, S.131; Haager, 2019, S.229-230.
[135] Vgl. Haager, 2019, S.226.
[136] Vgl. Haager, 2019, S.226; Ellebracht et al., 2018, S.127.
[137] Vgl. Haager, 2019, S.226-227.

MitarbeiterInnen.[138] Dies kann in Form von Gleitzeit-Arbeiten und der Möglichkeit zur individuellen Pauseneinteilung ermöglicht werden.

Zu den pädagogisch-sozialen Faktoren zählen Einflüsse, die durch soziale Unterstützung, Betreuung und/oder Erziehung anderer Personen als auch der Gesellschaft auf die Kreativität einwirken.[139] Bei der Teamzusammenstellung im betrieblichen Alltag ist somit darauf zu achten, dass sich die MitarbeiterInnen gegenseitig kreativ fordern und ergänzen. Es konnte zudem gezeigt werden, dass sogenannte Brainstorming-Gruppen bessere kreative Leistungen erzielen.[140]

3.4.2. Kreativitätshindernde Faktoren

Ellebracht et al. (2018) nennt verschiedene Blockaden und Killer der Kreativität.[141] Werden Problemstellungen zu eng gesehen oder auch vom falschen Blickwinkel betrachtet, kann es MitarbeiterInnen schwerfallen, diese gewohnte Perspektive zu verlassen.[142] So wird die Kreativität des Beschäftigten blockiert.[143] Ebenso können Gefühle, die beispielsweise durch Erwartungsdruck, Bewertungen und Meinungen andere ausgelöst werden, das Entwickeln kreativer Ideen blockieren.[144] Als Führungskraft kann man darauf achten, neuartige Ideen zu unterstützen und unvoreingenommen und offen für kreative Ideen seiner MitarbeiterInnen zu sein. Ebenso offen sollte mit gesellschaftliche „Tabu-Themen" umgegangen werden.[145]

Die Umgebung kann ebenso kreativitätsblockierend sein.[146] Besonders einengende Räumlichkeiten sollten in Betrieben vermieden werden, um die Kreativität nicht zu blockieren.[147]

---

[138] Vgl. Haager, 2019, S.228.
[139] Vgl. Haager, 2019, S.222.
[140] Vgl. Haager, 2019, S.223.
[141] Vgl. Ellebracht et al., 2018, S.133.
[142] Vgl. Ellebracht et al., 2018, S.133.
[143] Vgl. Ellebracht et al., 2018, S.133.
[144] Vgl. Ellebracht et al., 2018, S.133-135.
[145] Vgl. Ellebracht et al., 2018, S.134.
[146] Vgl. Ellebracht et al., 2018, S.134.
[147] Vgl. Ellebracht et al., 2018, S.134.

Auch Stress, beispielsweise durch Zeitdruck, Wettbewerbssituationen etc., ist ein „Kreativitätskiller".[148]

---

[148] Vgl. Ellebracht et al., 2018, S.135-136

Literaturverzeichnis

Asendorpf, J. B. (2019). *Persönlichkeitspsychologie für Bachelor* (4., vollst.

überarb. Aufl.). Springer Verlag.

Ellebracht, H., Lenz, G., Geiseler, L. & Osterhold, G. (2018). *Systemische*

Organisations- und Unternehmensberatung (5. Aufl.). Springer Verlag.

Faltermaier, T. (2017). *Gesundheitspsychologie* (2., überarbeitete und

erweiterte Aufl.). Kohlhammer Verlag.

Haager, J. S. (2019). *Kreativität in der Schule - finden, fördern, leben* (T. G.

Baudson, Hrsg.). Springer Verlag.

Haager, J. S. & Baudson, T. G. (2019). *Kreativität in der Schule - finden,*

fördern, leben. Springer Verlag.

Kaluza, G. (2018). *Gelassen und sicher im Stress* (7., korrigierte Aufl.). Springer

Verlag.

Kreddig, N. & Karimi, Z. (2013). *Psychologie für Pflege- und*

Gesundheitsmanagement. Springer Verlag.

Lippke, S. & Renneberg, B. (2006). Konzepte von Gesundheit und Krankheit. In

B. Renneberg & P. Hammelstein (Hrsg.), *Gesundheitspsychologie* (2006.

Aufl., S. 7–12). Springer Verlag.

Maltby, J., Day, L. & Macaskill, A. (2011). *Differentielle Psychologie,*

Persönlichkeit und Intelligenz (2., aktualisierte Auflage. Aufl.). Pearson

Studium.

Moosbrugger, H. & Kelava, A. (2011). Qualitätsanforderungen an einen psychologischen Test (Testgütekriterien). In *Testtheorie und Fragebogenkonstruktion* (2. Aufl., S. 7–26). Springer Verlag.

Neyer, F. J. & Asendorpf, J. B. (2017). *Psychologie der Persönlichkeit* (6. Aufl.). Springer Verlag.

Ostermann, D. (2010). *Gesundheitscoaching*. Beltz Verlag.

Palmer, C. (2016). *Berufsbezogene Kreativitätsdiagnostik*. Springer Verlag.

Perleth, C. (2008). Intelligenz und Kreativität. In W. Schneider & M. Hasselhorn (Hrsg.), *Handbuch der Pädagogischen Psychologie* (S. 15–27). Hogrefe Verlag.

Petermann, H. & Roth, M. (2006). Alter: Produktiver Umgang mit den Aufgaben einer Lebensphase. In P. Hammelstein & B. Renneberg (Hrsg.), *Gesundheitspsychologie* (2006. Aufl., S. 245–264). Springer Verlag.

Rauthmann, J. F. (2015). *Grundlagen der Differentiellen und Persönlichkeitspsychologie*. Springer Verlag.

Reimann, S. & Pohl, J. (2006). Stressbewältigung. In P. Hammelstein & B. Renneberg (Hrsg.), *Gesundheitspsychologie* (2006. Aufl., S. 217–228). Springer Verlag.

Renneberg, B. & Schüz, B. (2006). Theoriebasierte Strategien und Interventionen in der Gesundheitspsychologie. In P. Hammelstein (Hrsg.), *Gesundheitspsychologie* (2006. Aufl., S. 123–142). Springer Verlag.

Schmidt-Atzert, L. & Amelang, M. (2012). *Psychologische Diagnostik* (5. Auflage). Springer Verlag.

Schreiber, M. (2020). *Die Antisoziale Persönlichkeitsstörung: Gesellschaftliche Wahrnehmung und kriminalpolitische Funktion (Schriftenreihe des Strafvollzugsarchivs)* (1. Aufl.). Springer Verlag.

Schubert, S. & Loderer, K. (2019). Wie erkennt man Kreativität? In J. S. Haager & T. G. Baudson (Hrsg.), *Kreativität in der Schule - finden, fördern, leben* (S. 39–74). Springer Verlag.

Weber, H. & Vollmann, M. (2005). Gesundheitspsychologie. In H. Weber (Hrsg.), *Handbuch der Persönlichkeitspsychologie und differentiellen Psychologie* (S. 524–534). Hogrefe Verlag.

Westermayer, C. (2017). *Unternehmer statt Unterlasser: Unternehmerrelevante Persönlichkeitseigenschaften in der Direktvermarktung (Studien zum Marketing natürlicher Ressourcen) (German Edition)*. Springer Gabler.

Winzen, J. (2009). *Praxis der Wirtschaftspsychologie* (T. Brandenburg & M. Thielsch, Hrsg.). MV-Wiss.

Verzeichnis der Internetquellen

Chandola, T., Britton, A., Brunner, E., Hemingway, H., Malik, M., Kumari, M.,

    Badrick, E., Kivimaki, M. & Marmot, M. (2008). Work stress and coronary

    heart disease: what are the mechanisms? *European Heart Journal*,

    29(5), 640–648. Abgerufen am: 08.12.2020

    https://doi.org/10.1093/eurheartj/ehm584

Friedman, H. S. & Booth-Kewley, S. (1987). The „disease-prone personality": A

    meta-analytic view of the construct. *American Psychologist, 42*(6), 539–

    555. Abgerufen am: 09.12.2020

    https://doi.org/10.1037/0003-066x.42.6.539

Glaser, R. (2009, 18. Juli). *Stress Damages Immune System and Health.*

    Discovery Medicine. Abgerufen am: 09.12.2020

    https://www.discoverymedicine.com/Ronald-Glaser/2009/07/18/stress-

    damages-immune-system-and-health/

Haffke, L. K. & Albert-Ludwigs-Universität Freiburg. (2018). Zur experimentellen

    Analyse des Zusammenhangs von Feedback, Selbstwirksamkeit und

    Kreativität. *Junior Management Science, 3*(3), 38–54.

    Abgerufen am: 07.12.2020

    https://doi.org/10.5282/jums/v3i3pp38-54

Salleh, M. R. (2008, Oktober). Life Event, Stress and Illness. *The Malaysian

    Journal of Medical Sciences*, 9–18. Abgerufen am: 09.12.2020

    https://www.ncbi.nlm.nih.gov/pmc/articles/PMC3341916/

Saß, H. & Habermeyer, E. (2018, 8. August). *Psychopathie und antisoziale Persönlichkeitsstörungen im Spannungsfeld zwischen Pathologie und Dissozialität.* Forensische Psychiatrie, Psychologie, Kriminologie. Abgerufen am: 08.12.2020 https://link.springer.com/article/10.1007/s11757-018-0492-1?error=cookies_not_supported&code=12bf492a-a6d8-489c-a206-afa24b664bf8

Segerstrom, S. C. & Miller, G. E. (2004). Psychological Stress and the Human Immune System: A Meta-Analytic Study of 30 Years of Inquiry. *Psychological Bulletin, 130*(4), 601–630. Abgerufen am: 09.12.2020 https://doi.org/10.1037/0033-2909.130.4.601

BEI GRIN MACHT SICH IHR WISSEN BEZAHLT

- Wir veröffentlichen Ihre Hausarbeit,
  Bachelor- und Masterarbeit

- Ihr eigenes eBook und Buch -
  weltweit in allen wichtigen Shops

- Verdienen Sie an jedem Verkauf

Jetzt bei www.GRIN.com hochladen
und kostenlos publizieren